Goethe und Grünbein

Aufsätze zur Literatur

Henning Heske

Bernstein-Verlag 2004

Bibliografische Information Der Deutschen Bibliothek
Die Deutsche Bibliothek verzeichnet diese Publikation in der Deutschen Nationalbibliografie; detaillierte bibliografische Daten sind im Internet über <http://dnb.ddb.de> abrufbar.

Andreas und Paul Remmel, Postfach 1968, 53009 Bonn
www.bernstein-verlag.de
PRINTED IN GERMANY, 2004
Cover-Zeichnung: Inken Heske, Düsseldorf
Photo/Umschlaggestaltung: Nadine Chmura M.A., Bonn

ISBN 3-9808198-5-X

Gedichte sind gemalte Fensterscheiben!
Sieht man vom Markt in die Kirche hinein,
Da ist alles dunkel und düster;
…
Kommt aber nur einmal herein!
Begrüßt die heilige Kapelle;
Da ist`s auf einmal farbig helle,
Geschicht´ und Zierat glänzt in Schnelle,
Bedeutend wirkt ein edler Schein;

Johann Wolfgang von Goethe, Sprüche

Die Dichtung der Zukunft sei grundsätzlich intelligibel, oder sie werde gar nicht mehr sein. Mag sie sich an die Neurologie halten, an die Quantenphysik, die Genetik, die Nanotechnologie, woran auch immer. Solange sie lernfähig bleibe, werde sie in den Gehirnen einzelner weiterleben. Wie die Sprache selbst gehe sie fortan durch dick und dünn, Makro- und Mikrowelt, Allernächstes und Allerfernstes.

Durs Grünbein, Das erste Jahr

Inhalt

Exponate

DIE KRAFT DES WORTES

„Am Anfang war der Logos – das Wort, und das Wort war bei Gott, und Gott war das Wort."

(Johannes 1,1)

In älteren Ausgaben, wie in meiner Schulbibel, steht noch der bekanntere Satzbeginn „Im Anfang war das Wort". Doch haben die Diskussionen um Luthers Übersetzung des griechischen Wortes Logos dazu geführt, dass der Prolog des Johannes-Evangeliums abgeändert wurde. Weniger eingängig, aber genauer. Es war nicht *ein* bestimmtes Wort, mit dem die Welt erschaffen wurde, sondern *das* Wort, genauer „der Logos". Eine Bedeutung dieses vielschichtigen Begriffs lautet „göttliche Vernunft". Erfolgte die Schöpfung aus einer Vernunft heraus? Schnell stößt man bei der Deutung dieses Bibelverses auf schwierige philosophische und theologische Fragen.

Trotz dieser Einschränkung erscheint mir Luthers Übersetzung immer noch als besonders gelungen. Sie betont die schöpferische Kraft des Wortes. Mit Worten lassen sich Welten nicht nur beschreiben, sondern auch erschaffen. Stärker noch als das gesprochene, verfügt das geschriebene Wort – schwarz auf weiß – über eine enorme Kraft. Es lässt uns in vielen gelungenen literarischen Werken die gesamte Gefühlsskala von todtraurig bis himmelhochjauchzend durchleben. Gedichte versuchen das Unsagbare in Worte zu kleiden. Visionen und Utopien lassen sich in Worte fassen. Das Wort ist die Grundlage unserer Kommunikation.

Allerdings wird die Kraft der Worte und sogar einzelner Wörter auch missbraucht. Wer hat nicht schon am eigenen Leib erfahren, wie sehr Worte verletzen können? Immer wieder werden wir mit Wortneuschöpfungen konfrontiert, von denen nicht wenige eine beabsichtigte manipulierende Wirkung enthalten. Man denke nur an Euphemismen, beschönigende Umschreibungen, wie „Reichskristallnacht“ oder „ethnische Säuberung“. Völlig zu recht wird daher jedes Jahr von einer unabhängigen Jury das „Unwort des Jahres“ gebrandmarkt.

Eine der interessantesten Deutungen des Johannesprologs stammt von Johann Wolfgang Goethe. Er lässt Faust nach dem Osterspaziergang in seinem Studierzimmer ausführlich über diesen Bibelvers und seine Übersetzung sinnieren: „Ich kann das Wort so hoch unmöglich schätzen, / Ich muß es anders übersetzen, / Wenn ich vom Geiste recht erleuchtet bin. /

Geschrieben steht: Im Anfang war der Sinn."[1] Doch auch diese Deutung hält Faust schnell für unzureichend und ersetzt das entscheidende Wort zunächst durch „Kraft", um schließlich „getrost" zu schreiben: „Im Anfang war die Tat."

Die Tat vereinigt die Begriffe Sinn und Kraft in sich. Goethe nähert sich mit seinen Übersetzungsversuchen schrittweise der komplexen Bedeutungsstruktur des Begriffs „Logos". Aber man muss die vier Glieder dieser semantischen Kette – Wort, Sinn, Kraft und Tat – gar nicht gegeneinander ausspielen. Sie entsprechen vielmehr vier Schritten im Leben eines Menschen und ergänzen sich auf diese Weise. Das *Wort* mit seiner schöpferischen Kraft birgt auch die Geburt, mit der ein Mensch das Licht der Welt erblickt. Das Kind erschließt sich nach und nach diese Welt und füllt sie für sich mit *Sinn.* Der Jugendliche schöpft *Kraft*, um bald sein eigenes Leben gestalten zu können. Und vom Erwachsenen verlangt das Leben zweifelsohne die *Tat.*

„Taten statt Worte" heißt ganz in diesem Sinne ein bekannter Greenpeace-Slogan. Eine sprichwörtliche Redensart will uns sogar weismachen, dass Worte nur „Schall und Rauch" sind. Konsequent formuliert Erich Kästner in einem Epigramm: „Es gibt nichts Gutes, außer man tut es.“ Aber diese provokative These lässt sich schnell ad absurdum führen. Denken wir nur an den Krieg.

Wer vom Anfang spricht, sollte auch an das Ende denken. Vielleicht sind wir alle nur – um im Bild zu bleiben – Wörter im scheinbar endlosen Text, den Gott auf seiner Schreibmaschine verfasst. Was wird am Ende sein? Das jüngste Gericht? – Ein Wort?

Goethes verwunschener Zustand

Neue Liebe, neues Leben

Herz, mein Herz, was soll das geben,
Was bedränget dich so sehr?
Welch ein fremdes neues Leben –
Ich erkenne dich nicht mehr.
Weg ist alles, was du liebtest,
Weg, worum du dich betrübtest,
Weg dein Fleiß und deine Ruh –
Ach, wie kamst du nur dazu?

Fesselt dich die Jugendblüte,
Diese liebliche Gestalt,
Dieser Blick voll Treu und Güte
Mit unendlicher Gewalt?
Will ich rasch mich ihr entziehen,
Mich ermannen, ihr entfliehen,
Führet mich im Augenblick
– Ach – mein Weg zu ihr zurück.

Und an diesem Zauberfädchen,
Das sich nicht zerreißen lässt,
Hält das liebe lose Mädchen
Mich so wieder Willen fest.
Muß in ihrem Zauberkreise
Leben nun auf ihre Weise;
Die Verändrung, ach, wie groß!
Liebe, Liebe, laß mich los![2]

Der Titel von Goethes Gedicht „Neue Liebe, neues Leben“ lässt eine euphorische Liebeshymne erwarten. Doch diese Erwartung wird gleich mit der ersten Zeile des Gedichts gedämpft: „Herz, mein Herz, was soll das geben“? Diese Frage ist eine der bekanntesten Zeilen aus Goethes lyrischem Frühwerk. Vermutlich weil sie besonders treffend ein menschliches Urproblem anreißt: den Konflikt zwischen Kopf und Herz, der durch das Phänomen Liebe ausgelöst wird. Dieses Dilemma zwischen rationalem Verstand und irrationalem Gefühl wird in drei Strophen im Rahmen eines Selbstgesprächs dargestellt. Die Verwunderung über die neue Liebe geht einher mit einer mahnenden Vorsicht. Dabei wird deutlich, dass hier jemand mit Liebeserfahrung spricht. Einer, der um die möglichen Wirren einer Liebe, um das Hoffen und Bangen zwischen

Glückserwartungen und Trennungsängsten, sogar von ihrer Tragik weiß.

Die neue Liebe verändert das Leben empfindlich: „Weg dein Fleiß und deine Ruh". Obwohl sich das lyrische Ich der Situation bewusst ist, kann es sich der geliebten Person nicht „entziehen". Der Wille zu „entfliehen" ist zu schwach. Wie für jemanden, der im Kreis geht, gibt es kein Entrinnen, stets führt der „Weg zu ihr zurück". Dieses Bewusstsein der Ohnmacht gegenüber einer aufkeimenden Liebe mündet am Ende der ersten Strophe in Resignation: „Ach, wie kamst du nur dazu?" Im Unterschied zu dem populären Schlager aus den 70er Jahren „Eine neue Liebe ist wie ein neues Leben"[3], der mir im Zusammenhang mit diesem Gedicht unweigerlich in den Sinn kommt, spiegelt Goethes Lyrik die Ambivalenz der Gefühlswelt eines frisch Verliebten wider.

Das Herz des Gedichts schlägt unruhig und doch gleichmäßig. Alle drei Strophen werden von Trochäen bestimmt, die einen bedrängenden Tonfall erzeugen, und folgen dem gleichen Reimschema mit der wechselnden Abfolge von unbetonten und betonten Endsilben, von weiblichen und männlichen Kadenzen. Inhaltlich trägt dieses monologische Gedicht deutlich die Charakterzüge der

Schaffensperiode des Sturm und Drang, die dem Rationalismus der Aufklärung eine Betonung des Gefühls entgegensetzte.

Der biographische Hintergrund der Entstehung des Gedichts unterstützt diese Lesart. Zu Beginn des Jahres 1775 verliebt sich der fünfundzwanzigjährige Goethe in Frankfurt am Main in die sechzehnjährige Bankierstochter Anna Elisabeth Schönemann, genannt „Lili". Das Gedicht entsteht im Februar desselben Jahres als gefühlvoller Ausdruck dieses Erlebnisses. Die darin geäußerten Bindungsängste und Zweifel an der Liebe resultieren aus Goethes leidvollen Erfahrungen in den unerfüllten Beziehungen zu Friederike Brion („Willkommen und Abschied") und vor allem zu Charlotte Buff („Die Leiden des jungen Werthers").

Besondere literarische Bedeutung gewinnt das Gedicht in der dritten Strophe durch die Verknüpfung von persönlichem Erlebnis und mythologischem Motiv. Das „Zauberfädchen, / Das sich nicht zerreißen lässt" und der „Zauberkreis(e)", in dem das lyrische Ich „wider Willen" festgehalten wird, verweisen als Sinnbilder auf Kirke (Circe).[4] Diese mächtige Zauberin vermochte der Sage nach Menschen in Tiere zu verwandeln, wobei ihre Opfer jedoch den Verstand behielten und wussten, was mit ihnen geschehen war.[5] Lili ist Goethes Kirke. Sie hat ihn umgarnt, betört, verzaubert, im wahrsten Sinne des Wortes becirct. Nur Odysseus konnte sich dank göttlicher Hilfe gegen Kirkes Zauber schützen. Als er ihre Insel verlassen wollte, zeigte Kirke ihm den Weg in die Unterwelt. Auf das Hades-Motiv verweist Goethe selbst in „Dichtung und Wahrheit", als er im hohen Alter rückblickend bemerkt: „Es war ein verwünschter Zustand, der sich in einem gewissen Sinne dem Hades, dem Zusammensein jener glücklich-unglücklichen Abgeschiedenen, verglich."[6] Damit wird deutlich, dass die Liebesbeziehung zu Lili einen Todeskeim barg, der über den Mythos Kirke auch im Gedicht enthalten ist.

Der abschließende Stabreim „Liebe, Liebe, laß mich los!" formuliert zwar entsprechend konsequent einen Hilferuf, doch schwingt in diesen Worten unausgesprochen mit, dass er nicht wirklich ernst gemeint ist.

Im Oktober lässt diese Liebe Goethe dann tatsächlich los, der Zauberfaden zerreißt und die erst im April geschlossene Verlobung mit Lili wird gelöst.

Vorher entstehen jedoch in diesem verwunschenen Zustand, in dem sich Goethe während dieser Monate befindet und den er selbst mehrfach verwünscht, weitere beeindruckende Gedichte. Den Höhepunkt seiner Lili-Lyrik stellt dabei das Gedicht „Auf dem See“ dar:

AUF DEM SEE

Und frische Nahrung, neues Blut
Saug´ ich aus freier Welt;
Wie ist Natur so hold und gut,
Die mich am Busen hält!
Die Welle wieget unsern Kahn
Im Rudertakt hinauf,
Und Berge, wolkig himmelan,
Begegnen unserm Lauf.

Aug´, mein Aug´, was sinkst du nieder?
Goldne Träume, kommt ihr wieder?
Weg, du Traum, so gold du bist:
Hier auch Lieb´ und Leben ist.

Auf der Welle blinken
Tausend schwebende Sterne,
Weiche Nebel trinken
Rings die türmende Ferne;
Morgenwind umflügelt
Die beschattete Bucht,
Und im See bespiegelt
Sich die reifende Frucht.[7]

Beim ersten Lesen erscheint dieses dreistrophige, gereimte Gedicht als ein Erlebnisgedicht anlässlich einer Kahnpartie. Zumal es nach Dilthey „Goethes eigenste Gabe [ist], sein persönliches Erlebnis in seinem vollen Gehalt zum Ausdruck zu bringen.“[8] Die Natur wird poetisch beschrieben, der Rhythmus wechselt wie der Wellengang auf einem See. Der Eintrag der ersten Fassung in Goethes Tagebuch der Reise in die Schweiz verrät präzise Zeit und Ort der Entstehung: 15. Juni 1775 auf dem Züricher See[9]. Also ein reines Landschaftsgedicht?

Das Schlussbild des Gedichts birgt die Antwort. Das Bild der „reifende(n) Frucht“ ist ein Sinnbild. Umschlossen von der Schale der Naturlyrik findet sich als Kern die Darstellung eines persönlichen Reifungsprozesses. Während in der ersten Strophe das lyrische Ich noch am Busen der Mutter Natur saugt, erkennt sich am Ende der dritten Strophe eine reflektierende Persönlichkeit. Es scheint, dass jenes „und“ der vorletzten Zeile der Wendepunkt ist, an dem die Betrachtung der äußeren Landschaft zu der Selbsterkenntnis führt, dass sich im See die innere Landschaft der Seele widerspiegelt[10].

Als Student bin ich das erste Mal auf dieses Gedicht gestoßen. Die letzte Strophe kommt mir seitdem immer wieder in den Sinn. Vermutlich weil ich mich damals und in späteren Lebenssituationen darin selbst erkannte. Laut gesprochen klingen mir diese Verse wie ein Zauberspruch, der den Nebel aufreißen lässt. Mit einem Mal ist endlich klar, wie man sich entscheiden muss.

Form und Inhalt korrespondieren in diesem Gedicht in besonderer Weise. Die Gliederung in Strophen beinhaltet gleichzeitig einen Wechsel der Perspektive und einen Wechsel des Versmaßes. Jamben tragen die Kahnpartie der ersten Strophe, Trochäen verleihen der zweiten Strophe einen bedrängenden Charakter und Daktylen unterstützen das Befreiende der dritten Strophe.

Jene zweite Strophe liefert den Schlüssel zum biographischen Hintergrund. Die Zeile „Aug´, mein Aug´, was sinkst du nieder?“ nimmt Bezug auf Goethes erstes Lili-Gedicht „Neue Liebe, neues Leben“, das mit dem Vers „Herz, mein Herz, was soll das geben?“ beginnt. Erinnerungen an eine Liebe kommen auf, mit der das lyrische Ich immer noch ringt. Schließlich werden die verlockenden Träume verscheucht: „Weg, du Traum, so gold du bist“.

Nachdem Goethe im Winter 1774/1775 in Frankfurt am Main „Lili“ Schönemann kennen und lieben gelernt hatte, kam es im April zur Verlobung. Doch die Aussicht, mit einer Heirat in die engen und festen Bahnen einer bürgerlichen Gesellschaft zu geraten, machte Goethe schwer zu schaffen. Er sehnte sich nach „freier Welt". In dieser seelischen Krise nahm er am 14. Mai eine Einladung der Brüder Stolberg an, sie auf einer Reise in die Schweiz zu begleiten. Dabei wollte er prüfen, ob er Lili entbehren könne. Immer wieder erscheint Goethe auf dieser Reise – wie hier auf dem Züricher See – Lilis Bild vor Augen. Zwar klingt das sich selbst beschwichtigende „Hier auch Lieb´ und Leben ist" am Ende der zweiten Strophe noch unentschlossen, doch nimmt der Reifungsprozess in der dritten Strophe konkrete Formen an. Dieser Vorgang des Reifens reicht über das Gedichtende hinaus[11]. Die Frucht zeigt das Leben als Prozess, sie umschließt Vergangenheit und Gegenwart und birgt eine Zukunft, die im Kern bereits angelegt ist. Unausgesprochen hat sich Goethe am Ende des Gedichts bereits entschieden. Er hat die Traumbilder, die zwar ein glückliches Leben mit Lili verhießen, aber auch einen goldenen Käfig aufleuchten ließen, zurückgedrängt. Goethe „bespiegelt" sich im See als „reifende Frucht". Diese Betrachtung der Spiegelsymmetrie von Landschaft und Seele führt zu einer Selbsterkenntnis und einer Bewusstseinsänderung, die zwar noch nicht vollständig abgeschlossen ist, aber eine Überwindung des Vorherigen bedeutet. Die Überwindung des Sturm und Drang als Erlebnislyrik ist hier im Kern bereits angelegt.

Diese Deutung verlangt konsequenterweise, dass man die spätere Fassung und nicht den Tagebucheintrag zum Gegenstand der Interpretation macht. Damit wende ich mich ausdrücklich gegen den Ansatz von Dyck, der die erste Fassung „als den ursprünglichen Ausdruck des Erlebnisses auf dem Züricher See“[12] seiner Interpretation zugrunde legt. Es handelt sich eben nicht um ein schnell hingeworfenes Erlebnisgedicht, sondern um ein komplexes Kunstwerk, das einer intensiveren Bearbeitung bedurfte. Beispielsweise hängen in der ursprünglichen Fassung die zweite und dritte Strophe noch zusammen, das unpassende Verb „entgegnen“ wird in der letzte Zeile der ersten Strophe schließlich durch „begegnen“ ersetzt. Und auch der Gedichtanfang der ersten Version „Ich saug´ an meiner Nabelschnur / Nun Nahrung aus der Welt.“ erscheint in der späteren Fassung metaphorisch weitaus eindringlicher gestaltet.

Erst in jüngster Zeit hat Jules Keller überraschenderweise noch eine dritte, bisher unbekannte Version des Gedichts entdeckt.[13] Es handelt sich um eine von Goethe eigenhändig erstellte Abschrift, die sich im Nachlass von Lili Schönemann fand. Diese kann als Übergangsfassung zwischen den beiden bekannten Versionen angesehen werden. Sie ähnelt in ihren drei Strophen eher der endgültigen Fassung. Die Unterschiede sind bis auf den Anfang des Gedichts gering. Dieser lautet hier: „Und frische Kraft u. frisches Blut / trink ich aus neuer Welt".

Goethe hat dieses Blatt offenbar Lili geschenkt, nachdem er wieder nach Frankfurt am Main zu ihr zurückgekehrt war, obwohl weitere Reisen lockten. Doch die „Mißhelligkeiten"[14] ihrer Verbindung sind zu groß, sodass die Verlobung im Herbst schließlich gelöst wird. In „Dichtung und Wahrheit" beschreibt er eindrucksvoll, wie er ein letztes Mal an ihr Fenster tritt, um heimlich Abschied zu nehmen:

In einen großen Mantel gehüllt schlich ich in der Stadt umher, an den Häusern meiner Freunde und Bekannten vorbei, und säumte nicht, auch an Lilis Fenster zu treten. Sie wohnte im Erdgeschoß eines Eckhauses, die grünen Rouleaux waren niedergelassen, ich konnte aber recht gut bemerken, daß die Lichter am gewöhnlichen Platz standen. Bald hörte ich sie zum Klaviere singen, es war das Lied: Ach wie ziehst du mich unwiderstehlich! das nicht ganz vor einem Jahr an sie gedichtet ward. Es mußte mir scheinen, daß sie es ausdrucksvoller sänge als jemals, ich konnte es deutlich Wort für Wort verstehn; ich hatte das Ohr so nahe angedrückt, wie nur das auswärts gebogene Gitter erlaubte. Nachdem sie es zu Ende gesungen, sah ich an dem Schatten, der auf die Rouleaux fiel, daß sie aufgestanden war; sie ging hin und wider, aber vergebens suchte ich den Umriß ihres lieblichen Wesens durch das dichte Gewebe zu erhaschen. Nur der feste Vorsatz mich wegzubegeben, ihr nicht durch meine Gegenwart beschwerlich zu sein, ihr wirklich zu entsagen, und die Vorstellung, was für ein seltsames Aufsehen mein Wiedererscheinen machen müsste, konnte mich entscheiden, die so liebe Nähe zu verlassen.[15]

Mit dem Abschied von Lili endet Goethes verwunschener und zugleich verwünschter Zustand. Im hohen Alter wird er zu Friedrich Soret rückblickend sagen: „Ich bin meinem eigentlichen Glücke nie so nahe gewesen, als in der Zeit jener Liebe zu Lili.“[16] Doch Goethe entscheidet sich für die Kunst. Er nimmt eine Einladung des Herzogs Carl August an und bricht am 30. Oktober 1775 auf. Diese Reise führt ihn für längere Zeit nach Weimar.

Der Nacht der Herrlichkeit entgegen

Advent

Es treibt der Wind im Winterwalde
die Flockenherde wie ein Hirt,
und manche Tanne ahnt, wie balde
sie fromm und lichterheilig wird;
und lauscht hinaus. Den weißen Wegen
streckt sie die Zweige hin – bereit,
und wehrt dem Wind und wächst entgegen
der einen Nacht der Herrlichkeit.[17]

Vermutlich werden in keiner Zeit so viele Gedichte auswendig gelernt wie in der Adventszeit. „Es treibt der Wind im Winterwalde / die Flockenherde wie ein Hirt ..." Diese Verse kannte ich auswendig, lange bevor ich überhaupt wusste, wer Rainer Maria Rilke war. Wie in vielen Familien war es bei uns zu Hause üblich, dass wir Kinder am Weihnachtsabend Gedichte aufsagten. Die meisten entnahmen wir Gratisheftchen einer bekannten Kaffeehandelskette.

Von den vielen Weihnachtsgedichten habe ich nur dieses über die Jahrzehnte behalten. Warum? Schon als kleiner Junge spürte ich das Besondere an diesem Gedicht, das zunächst schwieriger zu lernen war, dann aber besser im Gedächtnis haften blieb. Es besaß eine Sprachmagie. Der fließende Rhythmus, die Wortschöpfungen „Flockenherde“ und „lichterheilig“ und nicht zuletzt die feierliche Stimmung faszinierten mich schon damals.

Die erste Zeile wirkt durch die Alliteration „Wind im Winterwalde“ besonders eingängig. Die damit aufgebaute rhythmische Triebkraft führt in jambischem Versfluss bis ans Ende der vierten Zeile. Dort hält das Gedicht erstmals kurz inne, obwohl das Versmaß regelmäßig aufgebaut ist: vierhebige Jamben mit Kreuzreim und einer wechselnden Abfolge von unbetonten und betonten Endsilben, von weiblichen und männlichen Kadenzen. Zwei weitere Pausen entstehen in der fünften und sechsten Zeile. Sie entsprechen den Zeitspannen, in denen man hinauslauschen beziehungsweise die Arme („Zweige“) ausstrecken kann.

Es schneit in einem Wald. Diese profane Situation verdichtet Rilke zu einer lyrischen Beschreibung. Stellt Rilke dabei nicht nur eine postkartentypische Weihnachtslandschaft dar? Ja, aber das Gedicht birgt viel mehr. Es baut eine erwartungsvolle Atmosphäre auf, in der „manche Tanne ahnt“, dass sie bald als Weihnachtsbaum dienen wird. Und es macht deutlich, dass dieser Tod des Baumes erstrebenswert, ja seine Erfüllung ist, denn in „der einen Nacht der Herrlichkeit“ wird die Tanne „fromm und lichterheilig“. Dazu ist die Tanne „bereit“ und diesem Ereignis wächst sie entgegen.

Das Gedicht lebt durch die Anthropomorphisierung, die Übertragung menschlicher Verhaltensweisen auf die Natur: der Wind erscheint als Hirte, der die Schneeflocken wie eine Schafherde vor sich her „treibt“, die Tanne „ahnt“, „lauscht“ und „streckt“ ihre Zweige wie Arme aus. Durch diese Personifikationen wird das Gedicht versinnlicht und das Landschaftsbild, das Rilke zeichnet, zu einem religiösen Sinnbild. Demzufolge liegt für den Menschen selbst das Lebensziel im Glauben an eine göttliche Bestimmung. Denn die Adventszeit, die hier lyrisch beschrieben wird, dient der Vorbereitung auf den Heiligen Abend, an dem die Christen die Geburt von Gottes Sohn feiern. Tannenzweige spielen dabei in Form des Adventskranzes eine wichtige Rolle. Sie symbolisieren das Warten auf die Weihnachtsnacht. Die weißen Wege lassen die Sehnsucht der Menschen nach einer weißen Weihnacht assoziieren, die das vergangene Jahr zudeckt und sie mit einer weißen Weste ins neue

Jahr führt. Ob auch der Tod als Erfüllung, als „Nacht der Herrlichkeit“ erwartet werden kann? Rilkes Gedicht lässt diese Interpretation zumindest zu.

„Advent“ ist das Titelgedicht von Rilkes Lyrikband, der Ende 1897 in Leipzig erschien und noch als relativ unbedeutend eingestuft werden muss. Gleichwohl ist hier bereits die Orientierung des jungen Rilke am Symbolismus zu erkennen. Die von dieser Stilepoche angestrebte Magie und Musikalität der Sprache wird durch die bewusste Verwendung von wohlklingenden Reimen und Wortneuschöpfungen im vorliegenden Gedicht sichtbar. Dies mag auch ein Grund dafür sein, dass Rilke dieses Titelgedicht seinem Lyrikband voranstellt. *Adventus* ist das lateinische Wort für „Ankunft“. Damit verweist die Titelgebung auf die Propagierung der Existenz eines Kommenden, einer jenseitigen Welt, und somit auf ein zentrales Anliegen des Symbolismus. Der Gedichtband zeugt darüber hinaus von der Ankunft eines Dichterfürsten, der wenige Jahre später mit dem „Stunden-Buch“, der Sammlung „Neue Gedichte“ und anderen Werken die deutsche Literatur des 20. Jahrhunderts nachhaltig mitgestaltete.

Am Ufer des Acheron

Im Januar 2002 wurde vor dem Innenministerium in Berlin ein Denkmal für Albrecht Haushofer eingeweiht. Eine denkwürdige Ehrung für einen Literaten, die nur dadurch zu erklären ist, dass er außerdem Wissenschaftler, politischer Berater und schließlich Widerstandskämpfer gegen den Nationalsozialismus war.

Georg Albrecht Haushofer wurde 1903 geboren und studierte in den zwanziger Jahren Geographie und Geschichte in München, wo er auch 1924 promovierte. Er erhielt in Berlin zunächst eine Dozentur, später eine Professur für Politische Geographie. Schon früh unterstützte er seinen Vater Karl Haushofer (1869-1946) bei der Begründung der deutschen Geopolitik. Dieser Pseudowissenschaft galt der Raum als entscheidende Determinante eines Staates. Die Geopolitik blieb dabei durchgängig einem machtpolitischen, teilweise sogar imperialistischen Denken verhaftet. Sie glaubte mit ihren reduktionistischen Methoden verlässliche Prognosen für die künftige politische Entwicklung eines Raumes ableiten zu können. Die Nationalsozialisten nutzten diese Möglichkeit, die Geopolitik ideologisch zu instrumentalisieren. Dabei unterstützten Albrecht und Karl Haushofer die NS-Herrschaft in vielfältiger Weise, vor allem publizistisch mit ihrer „Zeitschrift für Geopolitik". Letztlich erkannte Albrecht erst mit dem deutschen Überfall auf die Sowjetunion im Juni 1941, der im Widerspruch zu ihren geopolitischen Konzepten stand, in aller Konsequenz den fatalen Irrweg. Bereits kurz zuvor war die Mission des gemeinsamen Freundes Rudolf Heß mit seinem Flug nach England gescheitert. Albrecht Haushofer wurde aufgrund dieser Kontakte acht Wochen inhaftiert. Danach distanzierte er sich immer weiter vom NS-Regime und schloss sich dem Widerstand an. Wenige Tage nach dem fehlgeschlagenen Attentat vom 20. Juli 1944 wurde er gesucht, aber erst am 7. Dezember auf einer Almhütte von Gestapobeamten festgenommen und nach Moabit gebracht. In der dortigen Haftanstalt schreibt Haushofer 80 Sonette, die man nach seiner Erschießung am 23. April 1945 durch ein SS-Kommando bei ihm findet.

In dem Gedicht „Acheron" aus diesem posthum veröffentlichten Zyklus „Moabiter Sonette" reflektiert er eindringlich und selbstkritisch seinen Lebensweg. Es wird deutlich, welche große Rolle die Beziehung zu seinem Vater, der bis zuletzt „blind vom Traum der Macht"[18] an seiner Geopolitik festhielt, in Haushofers Leben spielte. Er wiederholt bewusst zu Beginn der zweiten Strophe die Worte „Mein Vater“ und benutzt nicht das sich anbietende Personalpronomen „er“. Sicherlich um zu betonen, dass es doppelt schwer wiegt, seinen eigenen Vater nicht von einem Irrweg abbringen zu können, und es ungleich schwerer ist, sich von ihm loszusagen. Im Gegensatz zu seinem Vater hat er das „ganze Grausen solcher Teufelnacht“ vorausgesehen. Davon zeugen tatsächlich viele Belege. Doch vermisst man in diesem Gedicht Selbstzweifel, ob Albrecht Haushofer selbst nicht früher hätte einen anderen Weg beschreiten können, ja müssen. Dieser Frage nach Mitverantwortung und Schuld geht er jedoch in anderen Sonetten des Zyklus eindrucksvoll nach, wo es beispielsweise heißt: „Ich musste schärfer Unheil Unheil nennen“[19].

Haushofers Gedicht zitiert zu Beginn Verse aus der „Aeneis“ des römischen Dichters Vergil. Die klassische Literatur der Griechen und Römer stellte einen zentralen Bezugspunkt im Denken des konservativ geprägten und humanistisch gebildeten Literaten dar, wie es die Titel der in den 30er Jahren entstandenen und zum Teil auch gespielten Dramen „Scipio“, „Sulla“ und „Augustus““ belegen. Die klassische formale Strenge gilt auch für die von ihm gewählte lyrische Form des Sonetts, die doch sehr einem literarischen Traditionalismus verhaftet bleibt. Aber es scheint, als hätte ihm dieses strenge Gerüst aus je zwei Quartetten und Terzetten den notwendigen Halt gegeben, um seine Gedanken und Gefühle am wirren und grausamen Ende des Zweiten Weltkrieges zu ordnen. Den Tod vor Augen reflektiert Haushofer in seinen – inzwischen neu editierten – Sonetten eindringlich und selbstkritisch das Scheitern seines Lebens zwischen Politik, Wissenschaft und Literatur.

Als das Schöne des Lebens nennt Albrecht Haushofer rückblickend neben „Werk und Liebe" sowie „Wein und Brot", den symbolischen Elementen des christlichen Abendmahls, etwas überraschend an erster Stelle die Heimat. Die Verbundenheit mit der bayrischen Landschaft um den elterlichen Hartschimmelhof und die Partnachalm hatte besondere Bedeutung für ihn. Sie hielt ihn zuletzt sogar davon ab, sich über die Alpen in die Schweiz abzusetzen. So fühlte er den Acheron ganz nah. Es gelang ihm nicht mehr, diesen sumpfigen Fluss, den in der griechischen Mythologie die Seelen der Toten überqueren mussten, zu „bewegen". Vergeblich suchte sein „stilles Auge" und – wie es in der jahrzehntelang publizierten Version hieß –

„müdes Auge“[20] im umkämpften Berlin nach einem Zeichen der Hoffnung.

Prinzip Hoffnung

Ende der Fünfziger Jahre mag sich im eingeschlossenen Westteil Berlins manch einer wie in einem Ei vorgekommen sein, das von der Politik bebrütet wurde. Ein kleines Indiz dafür ist der Name des Lokals „Eierschale“, in dem auch Günter Grass mit seiner Frau Anna Nächte durchtanzte. In dieser Zeit und in dieser Umgebung entstand das Gedicht „Im Ei“[21], das jedoch auch unabhängig vom biographischen Hintergrund und der besonderen Situation Berlins gelesen werden kann.

Das Gedicht besticht nicht durch seine Form, acht fünfzeilige ungereimte Strophen, sondern durch seinen Inhalt, der existentielle Fragen anspricht. Dies gelingt Grass mit Hilfe eines einfachen Sinnbilds: Wir stellen uns vor, wir leben in einem Ei, einem umschlossenen Raum. Das kann die Erde mit der Atmosphäre als Schale oder gar das Universum sein. Wir nehmen an, dass wir gebrütet werden. Das bedeutet, es gibt jemanden, der uns behütet und auf ein Leben danach vorbereitet, ein übermenschliches Wesen, einen Gott. Wir machen uns Gedanken über diesen Gott und ein Bild dieser „brütenden Henne“. Unsere Vorstellung von diesem überirdischen Wesen prägt das Leben vieler gläubiger Menschen. Für „mittelmäßige Bezahlung“ predigen unsere Geistlichen den richtigen Weg und streiten, wann es soweit sein wird, dass wir vor dem jüngsten Gericht stehen. Vermutlich ist es auch wahr, dass wir uns „ausgeschlüpft“ sofort „ein Bildnis des Brütenden“ machen würden.

Aber stimmt es wirklich, dass wir „den Vornamen unserer Feinde“ an die Innenseite der Eierschale gekritzelt haben? Ich glaube nur zum Teil. Denn nicht umsonst warnt uns eine sprichwörtliche Redensart davor, den Teufel an die Wand zu malen. Auch die Namen unserer Freunde und Idole schreiben wir an die Wände, bekleben sie sogar mit ihren Bildnissen und Durchhalteparolen wie „Jesus lebt“.

Das Ei ist das klassische Ursprungsmotiv: Alles Leben entspringt einem Ei – ex ovo omnia. Es hat Jahrhunderte gedauert, bis dieses mythologische Motiv von der modernen Biologie als wissenschaftliche Erkenntnis bestätigt wurde. Peter Sloterdijk spricht in seinem ersten „Sphären“-Band vom „Prinzip Ei“ und nennt das Ei ein Symbol, „das von sich lehrt, die bergende Form und ihre Sprengung zusammenzudenken“[22]. Man lebt nur in einem Ei, um es eines Tages zu verlassen, die Welt zu entdecken und den Sinn des Lebens zu erfahren.

Die meisten Menschen hoffen auf ein Leben nach dem Tod. Sie klammern sich – um sich nicht der Sinnlosigkeit des Daseins stellen zu müssen – an die Vorstellung, dass der Tod nur die Bildung eines Kokons ist, in den sich die Raupe einspinnt, um als Schmetterling weiter leben zu können. Doch Grass stellt uns in der vorletzten Strophe die beklemmende Frage: „Wenn unser Horizont nur der Horizont / unserer Kritzeleien ist und auch bleiben wird?" Was ist also, wenn alles ohne höheren Sinn bleibt? Das Gedicht thematisiert diesen Zweifel an einer göttlichen Vorsehung sehr bildhaft und sehr eindringlich. Interessanterweise schürt Grass diesen Zweifel nicht durch die nihilistische These, dass es keinen Gott gibt, sondern durch die ausgesprochene Befürchtung, dass dieser höhere Jemand uns am „Tag X" sprichwörtlich „in die Pfanne haut". Auf die Frage, was wir dann machen würden, können wir nur antworten: nichts.

Das Gedicht wirft mit seinen fünf formulierten Fragen implizit die fünf großen Fragen auf, mit denen Ernst Blochs monumentales Werk „Prinzip Hoffnung" beginnt: „Wer sind wir? Wo kommen wir her? Wohin gehen wir? Was erwarten wir? Was erwartet uns?" Aber auch der Lyriker Günter Grass liefert uns keine Antworten. Das Gedicht bringt vielmehr unser Gottvertrauen ins Wanken, ohne unseren Glauben zu zerstören. Wir hoffen notgedrungen weiter, „daß wir gebrütet werden.“

Idylle und Katastrophe als Vexierbild

Das Verlangen sich wohl zu fühlen verspürt jeder. Vielleicht ist es sogar unsere alles bestimmende Triebkraft. Die dickleibige Doppelnummer der Zeitschrift *Akzente*, die Anfang 1979 anlässlich von 25 kompletten Jahrgängen erschien, enthält eine Erzählung, die sich diesem Thema widmet und zu der ich in all den Jahren immer wieder zurückgefunden habe.

Der Text „Über den Wunsch, sich wohlzufühlen“[23] stammt von der Schweizer Schriftstellerin Hanna Johansen, die zuletzt den Roman „Lena“ (2002) veröffentlichte. Sie ist bekannt für eine Prosa, die zumeist beschreibt, was sich unterhalb einer konventionellen Handlung abspielt. Dadurch eröffnet sie uns neue Perspektiven und Einblicke in unsere Lebenszusammenhänge. In dem genannten Text erzählt sie eine Aussteigergeschichte, was nicht nur mich Anfang der 80er Jahre besonders interessierte. Allerdings aus einer dezidiert weiblichen Perspektive, so dass die Autorin einige Jahre später diese Erzählung zur Titelgeschichte eines Bandes mit Frauengeschichten erkor.

Ein Mann springt in einen „bemoosten Teich" und taucht nicht mehr auf. Er lässt die Ich-Erzählerin in der gebirgigen Landschaft zurück, die sich – wie der Leser – Gedanken über das Schicksal dieses Mannes macht. Entweder hat er Selbstmord begangen oder er ist verunglückt, dann müsste schleunigst Hilfe geholt werden, oder er ist nicht sichtbar auf der anderen Uferseite wieder aufgetaucht, um ein neues Leben zu beginnen.

Betrachtet man die erste Möglichkeit, so ist es dem Mann nicht (mehr) gelungen, sich im Leben wohl zu fühlen: „man scheitert am Nahrungsmangel, an den eigenen Kräften, und was das Gefährlichste ist, an der eigenen Seele"[24]. Der Mut, „die Fähigkeit der Seele", weiterzuleben hat ihn verlassen. Deshalb sieht er sich gezwungen, das alte Leben zu begraben. Der aus dem See herausragende Schaufelstiel lässt sich in dieser Hinsicht unschwer als Grabkreuz deuten. Andererseits erinnert dieses „Grabinstrument" auch an ein Gewehr, Symbol der Männlichkeit und vor allem des Krieges. Dazu passt auch der Schrecken: „Im allerersten Augenblick hatte ich nach meinem Herzen gefaßt, weil es sich von innen so anfühlte, als wäre es stehengeblieben."[25] Die Idylle des Bergsees birgt zugleich Artefakte einer Katastrophe. Beides ist nicht zu unterscheiden. Der Text ist eben auch eine glänzende Geschichte über die Täuschung: Vermutung und Realität, Erwartung und Enttäuschung, Vorspiegelung und Wahrheit changieren, bleiben ununterscheidbar. Dies gilt auch mit Einschränkungen für Natur und Kultur. In dem natürlichen See („Ein Weiher oder ein Tümpel?“) befinden sich Müllreste der Zivilisation wie Konservendosen und ein Kinderfahrrad.

Selbstmord oder Unfall? „Könnte es nicht sein, daß er untergetaucht ist und sich auf der anderen Seite davongemacht und ein neues Leben angefangen hat?“[26] Der Wunsch sich wohl zu fühlen als konsequente Befreiung von persönlichen und gesellschaftlichen Zwängen? Dann käme der Sprung ins Wasser einer Reinwaschung gleich, als deren Rückstände die Gegenstände zu betrachten sind, die auf dem Wasser treiben. Diesem Egoismus des Mannes steht das Verantwortungsbewusstsein der Frau gegenüber: „Ich mache mir auch Sorgen, weil seine Schuhe bereits durchgelaufen waren.“[27]

Bevor der Mann in den See springt, lacht er „fürchterlich“. Ein Indiz, das für einen erhellenden Erkenntnisgewinn spricht – ganz im Sinne von Joachim Ritter, der in seinem Essay „Über das Lachen“ schreibt: Das Lachen gehört „unmittelbar zu den Wegen, auf denen sich die menschliche Begegnung und Auseinandersetzung mit der Welt vollzieht, und zwar zu den besonderen Wegen des Erkennens, Sehens, Begreifens"[28]. Doch lässt sich auch damit keine der drei Thesen über das Schicksal des Mannes in der Geschichte ausschließen.

Als Frauengeschichte thematisiert der Text die Mühe mit Männern, die sich auf tragische oder abenteuerliche Weise entziehen. Der Blick des Mannes ist wie auf zahllosen Ölgemälden in die Ferne gerichtet, während die Frau an die Liebe glauben und hilfreich sein soll. Eine weitere Charakteristik dieses Bildes ist die Sprachlosigkeit, mit der die Frau auf die Situation reagiert. Und doch gelingt ihr ansatzweise ein Ausstieg. Ihr Abstieg aus dem Gebirge, um Hilfe zu holen, erfolgt zu langsam. Schließlich schneit es. Und wie eine weiße Decke deckt der Schnee symbolisch das bisherige Leben der Frau zu und eröffnet ein neues Leben, eine neue Chance sich wohl zu fühlen. Ist dies die wahrhaftige Deutung dieser wunderbaren Erzählung? Hanna Johansen liefert die Antwort selbst: „Ach, die Wahrheit, denke ich, es gibt so viele."[29]

Verlorene Jugend

Die Sommer in Schweden sind sonnig und hell. Die ungezählten Inseln der Schärenküste bei Stockholm bilden die ideale Umgebung für traumhafte Sommerferien: auf dem Bootsteg sitzen und die Wolken zählen und die Füße baumeln lassen und ... Ganz so wie es Astrid Lindgren in ihrem Klassiker „Ferien auf Saltkrokan“ beschreibt.

Auf einer ähnlichen Insel, nicht weit von Saltkrokan entfernt, liegt das Sommercamp eines Stockholmer Jungengymnasiums. Der Sommer des Jahres 1958, den Peter Pohl in seinem Jugendbuch „Nennen wir ihn Anna“[30] beschreibt, ist so warm und sonnig, wie es die Sommer in Schweden gewöhnlich sind. Die dreizehn- bis sechszehnjährigen Jungen, die hier von Primanern und einem älteren Leiter (dem „Scheff“) betreut ihre Sommerferien verbringen, heißen so wie gewöhnliche schwedische Jungen heißen: Tuvan, Elof, Ludde, Dragos ... Und doch trügt der Schein. Für einen dieser Jungen wird diese Ferienidylle zum wahrhaftigen Alptraum. Anders Roos, 14 Jahre, klein und schwächlich, wird von seinen Zimmergenossen „Anna“ getauft. Vom ersten Augenblick an wird Anna zum Hackhuhn, d.h. im wahrsten Sinne des Wortes zum Prügelknaben von Bude drei. Psychoterror gepaart mit brutaler Gewalt verfolgen Anna Tag und Nacht, ohne dass etwas nach außen dringt. Denn petzen und verpfeifen gehören schon gar nicht zum Ehrenkodex dieses Ferienlagers. Zudem verlangt der Lagerwettkampf der Buden untereinander mit dem inoffiziellen Motto „Alles für die Bude" Opfer und besondere Maßnahmen – das jedenfalls trichtern die Zimmergenossen Anna ein. Mit Erfolg, denn über Annas Lippen kommt kein Sterbenswort, das die Grausamkeiten der Bude drei ans Licht bringt.

Als sich die Anzeichen für eine gewisse „Problematik" in Bude drei häufen, sind die Leiter zunächst skeptisch. Nur ein Betreuer, der Sportleiter Micke, besitzt aufgrund der Erinnerung an seine eigene, ähnliche Vergangenheit eine Sensibilität für die Situation. Er achtet auf Kleinigkeiten, beobachtet misstrauisch und sieht so, was ansonsten verborgen bliebe. Das Ausmaß der Quälerei kann er jedoch nur erahnen. Gerade noch rechtzeitig entdeckt er Anna im abgelegenen Pumpenraum: geknebelt, gefesselt, mit einer Schlinge um den Hals auf einem Stuhl stehend.

Die latente Aggressivität in Jugendgruppen, vor allem in reinen Jungengruppen, eskaliert in diesem Sommercamp. „'Es gibt nur einen Ausweg', erklärt der Scheff. 'Gewalt muß mit Liebe bezwungen werden. Sonst wird die Welt nie besser.'"[31] Micke versucht sich an diese Leitlinie zu halten, mit wenig Erfolg bei den Jungen. Sein Leiterkollege Bigg dagegen demonstriert die Macht des Stärkeren: er schlägt sich mit dem Anstifter der Grausamkeiten. Das hinterlässt zunächst größeren Eindruck, ehe diese erlebte Gewalt in noch stärkerem Maße an den Schwächsten in dieser Hackordnung weitergegeben wird.

Die Leiter schicken niemanden nach Hause, da sie um den Ruf des Sommercamps fürchten. So schaffen sie es nur mit größter Mühe, das Ferienlager zu Ende zu führen. Doch für Anna bedeutet das Ende des Ferienlagers nicht das Ende der Qualen. Zuhause wird er von seinem Vater ebenso gedemütigt und misshandelt wie in der Schule von seinen Klassenkameraden. Die einzige Bezugsperson, an die sich Anna klammern kann, ist Micke. Doch Micke muss trainieren und fürs Abi büffeln, so dass er nur wenig Zeit für Anna findet. Und mehr und mehr empfindet er Anna als Belastung, der er sich nicht gewachsen fühlt. Er sucht Unterstützung beim Scheff und bei Annas Lehrern. Vergebens. Micke beginnt Anna aus dem Weg zu gehen. Als sich endlich Verbesserungen für Annas

Leben abzeichnen (Schulwechsel, Verlassen des Vaters), nimmt sich Anna an einem Tag, an dem mal wieder viel zu viel zusammenkommt, das Leben.

„Man stelle sich vor, man sei eine Person, die in der Zukunft lebt und die das Ich, das heute handelt, das Ich, das standhält oder versagt, beurteilen, verurteilen oder gutheißen kann."[32] Dieser Spruch, den der Ich-Erzähler Micke auswendig kann, beschreibt zugleich die Erzählperspektive. In einem retrospektiven Lamento, das Selbstanklage und Selbstrechtfertigung zugleich ist, erzählt Micke in einem detaillierten Bericht, der direkt an den toten Freund, das literarische „Du", gerichtet ist, die verhängnisvolle Geschichte nach.

Dem Schweden Peter Pohl, der 1940 in Deutschland geboren wurde, selbst Sportleiter bei Jugendfreizeiten war und als Dozent für Mathematik arbeitet, gelang nach seinem brillanten Erstling „Jan mein Freund", für den er im Jahre 1990 den Deutschen Jugendliteraturpreis erhielt, ein weiterer bedeutender Roman.

Die Geschichte von Anna, Opfer einer scheinbar freiheitlichen Wohlstandsgesellschaft, deutet auf Knackpunkte der Jugenderziehung: die dubiose

Hitler-Maxime „Jugend muss durch Jugend geführt werden“, militaristischer Sportsgeist, fragwürdige Kameradschaftlichkeit und falsch verstandene Disziplin. Und sie macht deutlich, welch ein Segen die in Schweden Anfang der 60er Jahre und in der Bundesrepublik Anfang der 70er Jahre eingeführte Koedukation an den weiterführenden Schulen ist.

Erotisches Kino im Kopf

Der Bielefelder Schriftsteller Hellmuth Opitz (Jg. 1959) debütierte bereits 1982, also in sehr jungen Jahren, als Lyriker. Im Laufe der folgenden zwanzig Jahre veröffentlichte er eine ganze Reihe von beachtenswerten Gedichtbänden. Seine erste Best-of-Sammlung „Gebrauchte Gedichte“ belegt eindrucksvoll die Entwicklung des jungen Autors zu einem Dichter mit unverwechselbarer poetischer Stimme.

Die frühen Gedichte waren vor allem Augenblicksgedichte, unbekümmerte Verse, die geschickt mit Worten spielten und unverkennbar unter dem Einfluss von Ulla Hahns Band „Herz über Kopf“[33] entstanden waren: „mich nur schnell verabschieden / von den Tollkirschen des Sommers / und den Rosinen im Kopf.“[34]

Inzwischen kennzeichnet ein eigenständiger Ton in thematisch komplexeren Zusammenhängen die Texte. Wortwitz und lyrische Wendungen sind dabei besonders hervortretende Merkmale: „Manche Nacht steht mir im Licht / mit ihrer schwarzen Jacke“[35].

Opitz gelingt es immer wieder, alltägliche Gegenstände und Begriffe lyrisch aufzuladen. Besonders kunstvoll hat er dieses Stilmittel in dem sehr sinnlichen Gedicht „Charlotte Rampling in einem Hotelzimmer in Arles, nachts."[36] umgesetzt. Die Einsamkeit der Titel gebenden Schauspielerin entspricht spiegelsymmetrisch derjenigen des Betrachters, so wie es am Ende der zweiten Strophe trefflich heißt: „Alleingelassen. … Gelassen allein."

Die Angabe des französischen Ortes Arles irritiert zunächst. Soll ein nahe liegender Bezug zu Vincent van Gogh und dessen eindringlichen Gemälden hergestellt werden? Dann könnte man die einzige Farbe, die in dem Gedicht genannt wird, das Grün der Augen als Mischung der kontrastierenden Farben Blau und Gelb deuten. Doch eine Recherche zur Biographie von Charlotte Rampling förderte unverhofft die Vorlage für dieses Gedicht zutage: kein Gemälde, sondern ein Schwarzweiß-Foto des bekannten Fotographen Helmut Newton mit dem Titel „Charlotte Rampling, Arles 1973".

Präzise beschreibt Opitz das dort abgelichtete Interieur: den Kronleuchter, den schweren, kostbaren Teppich, den mit großen Schnörkeln verzierten Spiegel zwischen Türflügeln und den langen Tisch, auf dem die Filmschauspielerin sitzt, nackt, den Betrachter über die Schulter kühl, selbstbewusst und erwartungsvoll anblickend. Interessant ist auch, was Opitz nicht in sein Gedicht aufgenommen hat: Die Zigarettenschachtel und das Feuerzeug, die in Reichweite auf dem Tisch liegen, und den extravaganten Griff der Britin mit gespreizten Fingern um ein halb gefülltes Weißweinglas. Für das Foto waren diese Utensilien und diese Geste prägend und unverzichtbar, für den poetischen Text sind sie unnötig. Er entfaltet ohne diese Ausschmückungen besser seine suggestive Wirkung, schafft auf diese Weise Raum für die individuellen Vorstellungen der Leser.

Stellenweise arbeitet Opitz mit einfachen Assoziationsketten wie Tisch, Stuhl, Beine in der ersten Strophe. Und doch gelingt es ihm immer, diese eigentlich profanen Gegenstände und Begriffe lyrisch aufzuladen und eine vor Erotik knisternde Atmosphäre aufzubauen: „Auf einem Stuhl die Beine, durchgehend geöffnet." Der verletzliche, nackte Frauenkörper wird mit den wuchtigen und schweren Möbeln kontrastiert: „Auf ihren Rippen kannst du Klavier spielen. / Magere Melodien. Präludien einer Hotelsuite." Auffälligste Metapher sind zweifellos die zierlichen „Vögel, die auseinanderfliegen bei der geringsten Bewegung." Diese ungewöhnliche Beschreibung der Brüste betont nicht nur den Reiz einer Berührung, sondern auch das Animalische eines Begehrens.

Ein anderes Stilmittel, das Opitz verwendet, sind eingängige Alliterationen wie „Blinde & Blöde“, „Spiegel und Schnörkel“, „kühl und klar“ und insbesondere zuletzt „Licht und die Liebe“. Vor dieser Passage lässt er mit einem geschickten Zeilenumbruch das negierende „Kein“ verwaisen und ermöglicht so eine doppeldeutige Lesart.

Doch dieses Gedicht verlangt kaum nach einer germanistischen Analyse seiner lyrischen Formen. Zumindest der männliche Leser wird viel stärker vom erotisierenden Sog dieses Textes in seinen Bann gezogen. Mit der Imagination und Interpretation der Augenfarbe – „Die grünen Scherben einer Flasche, / die ein Bedauern kühl und klar gehalten hat.“ – verlässt der gefangene Betrachter zu Beginn der letzten Strophe endgültig das Schwarzweiß-Portrait und verdichtet die Bildbeschreibung zur Reflexion über Verlangen, Lust und Liebe, von der als schnelle körperliche Liebe nur „Haut und Knochen“ bleiben.

Mag man bei Hellmuth Opitz auch politische oder gesellschaftskritische Passagen vermissen: Herausragend sind seine erotischen, leicht melancholischen und gleichzeitig abgeklärten Liebesgedichte.

Grünbeins Tierleben

Weit über hundert Jahre nach seinem erstmaligen Erscheinen ist ein naturwissenschaftliches Werk erstaunlicherweise immer noch Bezugspunkt und Fundgrube vieler deutscher Schriftsteller: „Brehms T(h)ierleben". Vermutlich reizen der lebendige Stil des Werkes von Alfred Edmund Brehm (1829-1884) sowie die Fülle der darin enthaltenen Geschichten und Anekdoten über gewöhnliche und exotische Tiere. Vor allem Lyriker scheinen dort Inspiration zu finden. Thomas Kling zitiert Alfred Brehm in seinem Essayband „Botenstoffe"[37] ebenso wie Durs Grünbein in den Anmerkungen seines Gedichtbandes „Nach den Satiren"[38].

Taugen Tiermotive tatsächlich als postmoderne Sinnbilder? Bei Durs Grünbein spielen sie jedenfalls eine zentrale Rolle. Mit dem ersten Satz des Tiergedichts „Einer Gepardin im Moskauer Zoo"[39] führt er beispielsweise auf elegante, nahezu „geschmeidige" Weise mitten hinein in das Moskau der neunziger Jahre:

So teure Pelze sieht man sonst nur auf den Schultern
Der Gangsterbräute vorm Casino. So geschmeidig
Schleicht auf dem Laufsteg nur die androgyne Jugend,
Die Augen funkelnd unterm Blitzlicht. Eine schlanke Katze,
Wie Pisanello sie gemalt hat, mit entzücktem Pinsel
(Das Fell getüpfelt, grannenhaft, ein Goldnes Vlies)
Federt sie schweifend auf und ab. Das Rückgrat
Dosiert die leiseste Bewegung.
Millimeter
Vorm Grabenrand den Schwung der Pfoten umzulenken
Geht ohne Hinsehn ab. Dort wird dem Ohr,
Der feinen Nase nichts geboten außer Lärm und Schweiß,
Jenseits des Drahtzauns, wo sich Affen tummeln
Mit ihren Kinderwagen zur Besuchszeit. Hechelnd
Verwandelt sie die schlechte Luft der Großstadt
In ein entferntes Air … die weißen Schleifen
Im Haar der Mädchen in Gazellenfleisch. Faustgroß,
Ihr schmaler Kopf hält wachsam noch die Stellung,
Wenn sie im Flimmern vor den Toren Moskaus Zebras sieht.
Dann gähnt sie lange, die Gefangne des Zements.

„Gangsterbräute" der Russenmafia tragen „vorm Casino" Pelze wie Jagdtrophäen als Symbol für erbeuteten Reichtum zur Schau. Katzenähnlich „schleicht" die Moskauer Jugend über den Laufsteg und bietet sich auf dem neuen Markt des Kapitalismus an. Kunstvoll charakterisiert Grünbein mit dem Attribut „androgyn" das ganze Verquere dieser Situation. Die Jugend als kultureller und politischer Ost-West-Zwitter mit „funkelnd(en)" Augen auf der Jagd nach Geld.

Die im Blitzlicht funkelnden Augen bilden den perspektivischen Übergang von den Zuschauern, die sich gleichwohl selbst als Schauobjekt präsentieren, zum Schauobjekt Tier. Es sind die Augen der Jugendlichen ebenso wie die der „schlanken Katze“. Die Gepardin beschreibt Grünbein als wahrhaftiges Kunstwerk. Während Pisanellos Gemälde die Nähe zur Natur auszeichnet, rückt er das Tier als vollendete Schöpfung in die Nähe zur Kunst.

Im Moskauer Zoo befinden sich die unterschiedlichsten Tiere. Warum hat sich Grünbein ausgerechnet eine Gepardin ausgesucht? Zum einen vermutlich, weil es besonders abartig ist, das schnellste Landlebewesen der Welt auf wenigen Quadratmetern gefangen zu halten. Zum anderen, weil Geparde „ein eigentümliches Bindeglied zwischen Katzen und Hunden“[40] bilden, wie es in einer Ausgabe von „Brehms Tierleben“ heißt, und so dem Bild des Zwitters entsprechen. Ihre Position als Raubtierart zwischen zwei bereits domestizierten Arten macht die ausweglose Situation dieser Tierart besonders deutlich. Durch die Wahl der weiblichen Form wird das Bild der Mutter, dem die Gepardin im Zoo nicht gerecht werden kann, miteinbezogen. Dieses Bild impliziert zudem eine konnotative Ergänzung der Mutter Natur.

Das Metrum wird von Alexandrinern bestimmt. An einigen Stellen wird dieses jambische Versmaß jedoch nicht eingehalten. Diese Brüche sind inhaltlich bedingt. Besonders auffällig ist der Bruch in den Zeilen 7 bis 9, der dem Bild des um „Millimeter“ fast gebrochenen Rückgrats entspricht. Die 11. Zeile bricht nach der 10. Silbe (dem „Ohr“) ab, damit das Ohr des Hörers in die Stille lauscht.

Das Gedicht von Durs Grünbein erschien zuerst in der *Frankfurter Allgemeinen Zeitung* vom 22.10.1996. Es wurde dann fast unverändert (lediglich durch zwei Kommata, offensichtlich Druckfehler, ergänzt) in seinen Band „Nach den Satiren“ aufgenommen, wo es aus dem Abschnitt „Historien“ jedoch etwas herausfällt. „Einer Gepardin im Moskauer Zoo“ ist eigentlich eine späte Ergänzung des kurzen Zyklus von Tiergedichten, den Grünbein in seinem vorangegangenen Band „Falten und Fallen“[41] präsentiert. Drei internationalen Tiergärten stattete Grünbein einen Besuch ab und brachte beeindruckende zoologische Miniaturen mit: „Einem Schimpansen im Londoner Zoo“, „Einem Okapi im Münchener Zoo“, „Einem Pinguin im New Yorker Aquarium“. Ein Zoorundgang gleicht – so Grünbein in seinen Aufzeichnungen „Das erste Jahr“ – „einem Konzertbesuch, dem zerstreuten Spazieren durch die Säle einer Gemäldegalerie"[42]: Naturbetrachtung als Kulturbetrachtung.

Anders als bei jenen drei älteren Gedichten in der Form reimloser Sonette liegt Grünbeins viertem Zoogedicht ein literarisches Analogon zu Grunde: „Der Panther" von Rilke, das im Untertitel „Im Jardin des Plantes, Paris"[43] heißt. Der Diktion Grünbeins entsprechend würde der Titel „Einem Panther im Pariser Zoo" lauten. Seine Gedichte sind den Tieren persönlich gewidmet – allerdings in ihrer Eigenschaft als Stellvertreter ihrer Art, was durch die Verwendung des unbestimmten Artikels im Titel deutlich wird. Grünbeins Zoogedichte sind Eintragungen ins Kondolenzbuch der Natur, Epitaphe für physisch noch lebende, aber innerlich schon gebrochene Tiere.

Die Verwandtschaft der beiden Gedichte von Grünbein und Rilke wird nicht nur durch die Artverwandtschaft der beiden Raubkatzen deutlich. Die Perspektive ist die gleiche, die Struktur ähnlich: dem Beschreiben des Auf-und-ab-Gehens im Käfig folgt der empathische Blick durch die Stäbe, und das Gedicht endet in der Darstellung eines kurzen Aufflackerns der Wildheit, dem instinktiven Ahnen einer entfernten, verlorenen Welt. Zwar folgt in Rilkes Gedichtband „Neue Gedichte" (1907) auf den Panther unmittelbar das Gedicht „Die Gazelle"[44], doch die Jagd nach dem „Gazellenfleisch" in einem „entfernten Air" bleibt illusorisch.

Grünbein greift Rilkes Motiv der im Zoo gefangen gehaltenen Raubkatze auf und entwickelt es weiter. Sein Blick ist weitläufiger als der von Rilke, er geht bis vor die „Tore Moskaus". Mit der ihm eigenen Tiefenschärfe entlarvt Grünbein im Moskauer Zoo den Menschen als permanenten Jäger und Sammler, dessen Verhalten immer noch deutliche Affinitäten zu dem der höheren Säugetiere aufweist.

Menschen kommen in Rilkes Gedicht nicht vor. Bei Grünbein wird der Mensch sowohl in seinem Äußeren („Pelze") als auch in seinem Verhalten („geschmeidig schleicht") selbst als Tier beschrieben, keineswegs als Krone der Schöpfung. Diese „Affen ... Mit ihren Kinderwagen" sind Bestandteil des Zoos, gehören in diese Sammlung von Tieren. Denn nicht nur für die Gepardin gibt es ein „Jenseits des Drahtzauns", für die Moskauer Jugend existierte bis vor wenigen Jahren ein ähnlich verheißungsvolles Jenseits des Eisernen Vorhangs. Alle waren bzw. sind „Gefangne des Zements". Zement ist ein Artefakt. Mit diesem künstlichen Konglomerat aus den Naturstoffen Kalkstein, Ton und Tonmergel versucht der Mensch die Natur zu kultivieren. Dabei errichtet er sein eigenes Groß-stadt-Gefängnis. Das Wort „Zement“, das mit dem letzten Buchstaben des Alphabets beginnt, beschließt das Gedicht. Hier geht es nicht mehr weiter, die Situation ist einzementiert.

„Die Natur muß gefühlt werden; wer nur sieht und abstrahiert ... wird die Natur zu beschreiben glauben, ihr selbst aber ewig fremd sein.“[45] Diese Quintessenz des einzigartigen Naturforschers Alexander von Humboldt nach seiner fünfjährigen Reise in die Neue Welt findet sich in einem Brief an Goethe aus dem Jahre 1810. Noch weit entfernt von Humboldts Erkenntnis war Christoph Columbus gut dreihundert Jahre zuvor mit der *Santa Maria* und zwei kleineren Karavellen zu seiner ersten Reise aufgebrochen. Im Kopf ein eurozentrisches Weltbild und die Vorstellung eines westlichen Seewegs nach Indien. Am 12. Oktober 1492 kommt Land in Sicht: eine der Bahama-Inseln, doch Columbus wähnt sich in Ostasien. An dieser Stelle setzt Grünbeins Gedicht „Traum vom fliegenden Fisch“[46] als Variante eines Sonetts ein:

TRAUM VOM FLIEGENDEN FISCH

Ein Fisch, der fliegt, – so fing Columbus' Traum
An einem Morgen an, mit einem Willkürakt.
Ist da ein Indien, das westwärts liegt,
Sticht man von Spanien aus in See?
Er sah, und traute seinen Augen kaum,
Wie aus dem Wasser Fische stiegen. *Neptuns Vögel*,
Schrieb er ins Tagebuch. In Wüsten Schnee
Entdecken war gewöhnlicher als diese Tiere,
Die aus den Wellen schnellten wie von Bögen
Die Pfeile jener Wilden, die er nackt
Am anderen Ufer fand und *Indios* nannte.
Was las er auf den Helmen seiner Kanoniere,
Stumm nach der Landung? Dieses Unbekannte
War ihm unheimlich wie ein Fisch, der fliegt.

Die klassische Strenge dieser lyrischen Form wird durch einen Verzicht auf die Einteilung in zwei Quartette und zwei Terzette, eine eigenwillige Reimstellung und einen permanenten Wechsel der Silbenzahl in den Zeilen aufgebrochen. Während die beiden Assonanzen in der fünften und neunten Zeile („traute ... Augen" und „Wellen schnellten") die Versform stärken, knackt es spür- und hörbar im Gebälk durch den unreinen Endreim „Vögel ... Bögen". Hier läuft das Sonett quasi aus dem Ruder. Ein Beispiel für Grünbeins Dichtkunst, der auf diese Weise dafür sorgt, dass Form und Inhalt des Gedichts miteinander korrespondieren.

Ein kürzerer Weg zu Gold und Gewürzen ist das Ziel dieser Reise, finanziert vom Königreich Kastilien. Doch der Traum von Ruhm und Reichtum entwickelt sich für Columbus zu einem Anflug eines Alptraums: fliegende Fische und nackte Eingeborene, die mit Pfeil und Bogen schießen. Sein christliches Weltbild gerät ins Wanken und er muss eine römische Gottheit bemühen, um zu beschreiben, was er „seinen Augen kaum" traut: *Neptuns Vögel.* „Ein Fisch, der fliegt," übersteigt seine Vorstellungskraft. Mit diesem Bild beginnt und endet das Gedicht. Auch dazwischen lässt Grünbein noch zweimal die Fische aus dem Wasser steigen, um durch diese mehrfache Wiederholung, die im weiteren Sinn auch dem Kreislauf der Natur entspricht, das schockartige Erlebnis des italienischen Seefahrers zu verdeutlichen. *Indios,* das zweite wörtliche Zitat aus dem Tagebuch, erweist sich ebenfalls als unzutreffender Begriff. Diese Bezeichnung, die Columbus für die amerikanischen Ureinwohner prägt, ist Ausdruck seines Irrglaubens, am Ziel seines Traumes angelangt zu sein.

„Stumm" folgen ihm seine „Kanoniere" an Land, materiell gerüstet und mental überfordert mit dieser „unheimlich(en)" Entdeckung des „Unbekannte(n)". Knapp drei Jahre später lässt Columbus

die ersten *Indios* als Sklaven nach Spanien verschiffen. Der Ausverkauf der Tropen beginnt. Wissenschaftlich seziert und beschrieben wird aus dem fliegenden Fisch die zoologische Art *Exocoetus volitans*. Erst auf seiner dritten Reise erkennt Columbus 1498, dass er eine den Europäern unbekannte „Neue Welt“ gefunden hat. Diese Entdeckung verändert nachhaltig die gesamte Weltanschauung.
In den Tropen begegneten die Europäer vor allem sich selbst, ihren Träumen und ihren Ängsten. Ehe man sich versah, waren ungezählte Kulturen, Tier- und Pflanzenarten vernichtet. Es dauerte lange, bis endlich Alexander von Humboldt in seinem „Kosmos“ ein ganzheitliches, vom Humanitätsideal geprägtes Weltbild entwarf. Die „Traurige(n) Tropen“, wie sie Claude Lévi-Strauss in seinem ethnologischen Reisebericht darstellt, waren längst geschaffen: „Nie wieder werden uns die Reisen, Zaubertruhen voll traumhafter Versprechen, ihre Schätze unberührt enthüllen.“[47]

Grünbein gelingt es, den folgenreichen Beginn der Neuzeit in einer lyrischen Beschreibung der ersten Momente der Wiederentdeckung Amerikas durch Columbus eindrucksvoll zu verdichten.

Die poetische Beschreibung von Tieren und die Verwendung von Tiermotiven stellen einen elementaren Baustein in Grünbeins lyrischen Kompositionen dar. Sein tierisches symbolisches Inventar hat sich im Laufe der Jahre von typischen Großstadttieren wie Fliegen, Tauben, Wespen, Enten, Katzen und Maden in „Grauzone morgens“[48] über den (Pawlowschen) Hund in „Schädelbasislektion“[49] bis zu den genannten exotischen Zootieren in „Falten und Fallen“[50] erweitert. Dabei verändert er die Brehmsche Perspektive „Das Tier als Mensch“ und gewinnt nicht nur sinnbildlich an Tiefenschärfe. So erhebt er in seinem Essay „Zeit der Tiefeseefische“ diese finsteren Tiere wie den Panzerkopf, den Beilfisch, den Laternenangler und den Säbelzahnfisch zu Zeitzeugen und zoologischen Menetekeln: „Die schlimmsten Befürchtungen über die militärischen Frühversuche der Evolution, hier werden sie wahr“[51]. Diese „monströsen Prototypen“ tauchen dann in einer verdichteten Version dieses Essays erneut in dem Band „Nach den Satiren“ im Zyklus „´Nicht für Zoologen!´. Fünf Impromptus“ auf. Bereits im Eingangszyklus „In der Provinz“ arbeitet Grünbein dort mit einem breiten Aufgebot aus der Tierwelt: Hund, Bussard, Hase, Maulwurf, Käfer, Habicht, Ameise, Made, Grille, Frosch, Fliegenlarve, Amsel – auch um historische Bezüge herzustellen. Es ist bereits von Manfred

Fuhrmann überzeugend herausgearbeitet worden, dass die Amsel in diesem Zyklus „ein Bild für den Menschen" darstellt.[52]

In seinem bislang letzten Gedichtband „Erklärte Nacht"[53] ist ein deutlicher Rückgang der Tiermotive im Vergleich zu den vorangegangenen Bänden zu verzeichnen. Es dominieren nun Gedichte, die ihren Ausgangspunkt in der mediterranen Landschaft haben. Grünbeins naturwissenschaftliche Bezüge verlagern sich ganz zeitgemäß von der Zoologie zur Mikrobiologie: „Neutrinos sind es, Moleküle, Gene und Photonen, / Die uns erklären ..." Der Titel des Bandes spielt auf das spätromantische Gedicht „Verklärte Nacht" von Richard Dehmel an. Diesem setzt Grünbein seinen aufklärerischen Ansatz entgegen: Gedichte auf der Höhe der Zeit. Die meisten seiner Texte verwenden dabei Reimschemata, oft sind es Variationen klassischer Versformen, wie beispielsweise einstrophige Sonette. Grünbein überzeugt auch hier mit seinem vielfältigen technischen Repertoire.[54]

In seinem jüngst erschienenen langen Erzählgedicht „Vom Schnee"[55] über René Descartes tauchen wiederum Tiersymbole auf, die vor allem das zentrale Grünbeinsche Leitmotiv „Der Mensch als Tier", das antipodisch zu Brehms „Das Tier als

Mensch“ steht, aufgreifen und fortführen: „Was für ein Bienenschwarm, die Menschheit. Wie das summt. / Ein jeder feilscht und feiert, kocht und kopuliert. / Ein jeder glaubt hellwach zu sein, und läuft doch ignorant herum.“[56]

Dass es lohnt, diese anspruchsvollen Gedichte genau zu lesen und zu interpretieren, begründet Grünbein als *Poeta doctus* selbst: „Was bleibt sind Gedichte. Lieder, wie sie die Sterblichkeit singt. / Ein Reiseführer, der beste, beim Exodus aus der menschlichen Nacht.“[57]

EXPONATE

Die Insel des zweiten Gesichts

Wer ist der größte niederrheinische Schriftsteller? Die Literaturwissenschaft ist sich einig, obwohl sie sein Werk kaum pflegt: Albert Vigoleis Thelen, geboren 1903 in Süchteln, gestorben 1989 in Dülken. Doch zwischen diesen Daten, die scheinbar Bodenständigkeit suggerieren, lag ein aufregendes Leben auf Mallorca, in der Schweiz, in Portugal und den Niederlanden. Thelens Ruhm gründet sich auf ein einziges Werk: den großen Schelmenroman von fast tausend Seiten, der auf Mallorca in den Jahren zwischen 1931 und 1936 spielt.

Anlässlich seines hundertsten Geburtstags hat der Claassen Verlag diesen Roman in einer wohlfeilen Ausgabe neu herausgebracht.[58] Ihm sind viele neue Leserinnen und Leser zu wünschen. Warum? Thelen pflegt einen ungewöhnlich ausschmückenden, teilweise sogar ausufernden Erzählstil, der sehr unterhaltsam ist. Bisweilen kommt er dabei zwar „vom Hölzgen aufs Stöcksgen" – wie der Niederrheiner sagt –, aber man verzeiht ihm seine witzigen Abschweifungen eigentlich immer: „Der Wind, der immer noch nicht richtig stand, blies uns das memento mori aus der Schindbaracke in die Nase, eine Mahnung ans vergängliche Fleisch, der mich fast zur Pflanzenkost hätte bekehren können, stänke der so blumenhaft benannte Kohl nicht ebenso abscheulich.“[59] Er selbst nennt dies „Kaktusstil“: „es bilden sich Ableger, ins Wilde hinein, wie beim Kaktus, der gerade da Augen setzt, wo man sie nicht erwartet.“[60]

Diese laut Untertitel „angewandten Erinnerungen“, eine Mischung aus Biographie und Fiktion, erzählen die Geschichte des unverheirateten Paares Vigoleis und Beatrice, die durch ein missverständliches Telegramm auf die Insel gelockt mehrere Jahre auf Mallorca verbringen. Notorisch knapp bei Kasse wechseln sie mehrfach die Behausungen, verdingen sich als Sprachlehrer und Touristenführer und erleben eine burleske Inselwelt mit einem pensionierten preußischen Hauptmann, der nymphomanen Gattin eines Essener Hüttenbarons, Ratten, zwielichtigen Geschäftsleuten, Künstlern, Gangstern und vielen anderen Mallorquinern aller Schichten.

Die Entdeckung des Himmels

Vor einigen Jahren schenkte ich meiner Schwester den Roman „Die Entdeckung des Himmels“[61] von Harry Mulisch zu ihrem Geburtstag – mit einer Widmung, die ungefähr so lautete: Ich weiß zwar, dass du wenig Zeit hast. Aber wenn du dieses dicke Buch liest, brauchst du in den nächsten fünf Jahren kein anderes mehr zu lesen. Es steht alles drin.

Es dauerte mehrere Wochen bis meine Schwester einen Blick in das Buch warf. Dann ließ es sie nicht mehr los. Sie las es sogar während ihrer Arbeit in der Werbeagentur, was einer Kollegin nicht verborgen blieb. Mit dem Effekt, dass bald zwei Mitarbeiterinnen unter ihrem Schreibtisch dieses Buch um die Wette lasen und darüber diskutierten.

Der spannende und abwechslungsreiche Roman beinhaltet eigentlich vier Romane in einem: einen Liebesroman, einen politischen Roman, einen Bildungsroman und einen Abenteuerroman. Es geht um Zeitgeschichte und Liebe, Kulturgeschichte und Politik, Religion und Freundschaft, Naturwissenschaft und Tod: eben um alles. Engel veranlassen auf komplizierte Weise die Zeugung und Entwicklung des Jungen Quinten, der ihnen die Steintafeln mit den zehn Geboten, die Moses einst empfing, zurückbringen soll, weil Gott die Menschen für ihren Besitz nicht mehr als würdig erachtet. Eingebettet in diese himmlische Rahmenhandlung wird die Geschichte einer besonderen Männerfreundschaft zwischen dem Sprachenforscher Onno Quist und dem Astronomen Max Delius erzählt. Orte der Handlung sind Amsterdam, Havanna, Rom und Jerusalem in der Zeit zwischen 1967 und 1985.

Ein derart pralles Buch kann man erst mit über 60 Jahren schreiben, weil es so viel Lebenserfahrung und immens viel Wissen birgt. Das bestätigte der Niederländer Mulisch (geb. 1927) selbst einmal auf einer Lesung in Duisburg. Danach könne man eigentlich nur noch Aphorismen schreiben und, wie ich hinzufügen möchte, auf den Nobelpreis warten. Die Wartezeit vertreibt sich Mulisch allerdings weiterhin mit dem Schreiben von Romanen.

Adorno schreibt in seiner „Rede über Lyrik und Gesellschaft" 1957: „Darum zeigt sich Lyrik dort am tiefsten gesellschaftlich verbürgt, wo sie nicht der Gesellschaft nach dem Munde redet, wo sie nichts mitteilt, sondern wo das Subjekt, dem der Ausdruck glückt, zum Einstand mit der Sprache selber kommt"[62]. Michael Krüger hat diesen Aufsatz als Herausgeber in den Jubiläumsreader zum 50ten Geburtstag der Literaturzeitschrift „Akzente" erneut aufgenommen. Weil er immer noch Gültigkeit besitzt?

Pünktlich zu Krügers 60ten Geburtstag ist nun eine neue Sammlung seiner Gedichte erschienen.[63] Debütiert hatte er 1976 mit dem Band „Reginapoly"[64]. Stilistisch ist sich Krüger weit gehend treu geblieben: ungereimte Verse, oft in Strophen angeordnet, ohne jedoch klassische Formen zu verwenden. Oft sind es Erzählgedichte, Reiseerinnerungen („Besuch in Vilnius") oder Widmungsgedichte an Kollegen. Allerdings sind die Texte im Laufe der Zeit deutlich kürzer und die Formulierungen knapper geworden. Das auch auf dem Umschlag abgedruckte Gedicht „Das elfte Gebot" besteht beispielsweise nur aus drei Zeilen: „Du sollst / nicht sterben, / bitte."[65] Das ist schon fast aphoristisch und doch sehr tiefsinnig.

Auch wenn nicht alles wirklich gelungen ist („Die Hoffnung blieb / trocken unterm Regenschirm.“) und einiges sich im Ungefähren verliert („Irgendwo in der geschlossenen Hecke“), gelingt dem Lyriker Michael Krüger doch eine beeindruckende Wiederbelebung abgestandener Bilder, vornehmlich aus der Natur: „Über dem Horizont steht ein Vogel. / Er sieht den Hasen, der über die Wiese fliegt, / die Zeit macht sich aus dem Staub.“[66]

Geschickt werden auf diese Weise Naturschilderungen vom lyrischen Subjekt gemäß der Prämisse Adornos zu allgemeineren Reflexionen poetisch verdichtet. Immer wieder ist dabei von Wind, Sturm, Himmel, Wasser und Regen die Rede – ganz gemäß dem Buchtitel „Kurz vor dem Gewitter“.

Abwesende Tiere

Kann man den Lesern heutzutage noch ein Buch über 1000 Seiten zumuten? Man kann, auch wenn die meisten – so wie ich – sich seit ihrer Lektüre des *Herrn der Ringe* nicht mehr an ein solch voluminöses Werk gewagt haben. Aber der bis dato eher unbekannte Berliner Schriftsteller Martin Kluger (Jg. 1948) legt mit seinem Wälzer „Abwesende Tiere"[67] einen wahrhaftigen Roman vor – im Gegensatz zu so vielen als „Roman" verkauften Erzählungen.

Kluger entwirft und beschreibt eine ganze Welt, die nur im Berliner Zoo spielt. Dabei gelingt es ihm dank geschickt eingebauter Figuren, wie des 1897 in Ostafrika geborenen, sprechenden Graupapageien Schiefhals, fast hundert Jahre deutscher Geschichte einzufangen. Den zentralen historischen Handlungsstrang bildet dabei die Liebesgeschichte zwischen der litauischen Halbjüdin Jael Glickstein, die als Pressefotografin arbeitet, ehe sie eines Tages spurlos verschwindet, und dem Angestellten eines Reisebüros, Karl-Walther Kadamecki. Sie spielt in Berlin zur Zeit der Olympischen Spiele 1936 und stellt das Rückgrat des Romans dar. Auf der Hauptbühne am Ende der 70er Jahre gibt das Zooensemble aus Mensch und Tier eine sehr unterhaltsame Tragikomödie. Der herrschsüchtige Zoodirektor und sein teuflischer Gegenspieler, der geheimnisumwitterte Professor für Schmerzforschung, bestimmen das wunderliche Treiben innerhalb des Tierparks. Die weibliche Hauptrolle übernimmt Dorothee Matthes, die schnell als Doktorandin sowie als Zoohure Karriere macht und den rätselhaften Tod der beiden Vorgängerinnen des Zoodirektors aufzuklären versucht. Immer präsent sind zudem die Titel gebenden abwesenden Tiere, zu denen neben Sali, dem Persischen Leoparden, vor allem „Adler" zählt, die „entflohene" Ehefrau des Zoodirektors.

Das Buch kommt selbst daher wie ein exotisches Tier: groß, unförmig, schillernd, sich hin und her wendend und schließlich zupackend. Die Welt als zoologischer Garten. Ein außergewöhnliches Buch.

Vor dem Frost

Als Student habe ich in den 80er Jahren sechs Schwedisch-Kurse an der Volkshochschule absolviert, um mich auf eine eventuelle Auswanderung in das Natur und Frieden liebende Land von Astrid Lindgren vorzubereiten. Doch meine Vorstellungen von der schwedischen Idylle hat Henning Mankell inzwischen gründlich revidiert. Seit über zehn Jahren schildert mein Namensvetter in seinen epischen Romanen eindrucksvoll, wie die globalisierte Kriminalität die europäische Peripherie erfasst. Der stets zerknitterte Kommissar Kurt Wallander hat alle Mühe zu begreifen, welche Gewaltverbrecher in den 90er Jahren die eher verschlafene Hafenstadt Ystad in Schonen heimsuchen: brutale Serienmörder, russische Killer aus Südafrika, skrupellose Mafiabosse aus Osteuropa.

„Vor dem Frost"[68] ist nun bereits der elfte Roman aus dem Wallander-Universum. Denn erst jetzt wird klar, dass der zuletzt vorgelegte Bestseller „Die Rückkehr des Tanzlehrers"[69] mit Stefan Lindman als Protagonisten nach den acht Romanen und dem Band mit Erzählungen um Kurt Wallander das Verbindungsstück zum neuen Buch war. Mankell wechselt wiederum die Perspektive: Kurts

Tochter Linda spielt nun mit 29 Jahren die Hauptrolle und Stefan Lindman, der sich überraschend von Borås nach Ystad hat versetzen lassen, wird zu einer neuen Nebenfigur. Dabei packt Mankell erneut ein großes Thema an: religiösen Fanatismus. Und wieder umspannt sein Plot den ganzen Globus: vom Selbstmord der Volkstemplersekte in Guayana 1978 bis zu den Ereignissen vom 11. September 2001 in den USA reicht sein Bogen. Auch wenn das Geschehen teilweise zu konstruiert erscheint und der Hauptsatz-Stil mehrfach allzu schlicht wirkt („Sie sank tief in ein großes Dunkel."[70]), überzeugt auch dieser Roman mit seinen psychologischen Charakterstudien insbesondere der Familie Wallander. Als Fan freut man sich bereits auf den zwölften Band und hofft, dass neben der körperlichen Gewalt nun endlich auch die körperliche Liebe eine Rolle spielen wird.

Sommergäste in Trouville

Die Hitze steht quasi zwischen den Buchdeckeln. Eine flirrende Mittagshitze zwischen Wachheit und Traumvorstellungen, zwischen Gegenwart und Vergangenheit. Undine Gruenter beschwört in „Sommergäste in Trouville“[71] mit Geschichten vom Ende des 20. Jahrhunderts aus einem französischen Badeort die Belle Époque, eben seinen Anfang, wieder herauf, ohne Klischees und unglaubwürdiges Interieur. Ihre Erzählkunst besticht vielmehr durch Detailtreue, Authentizität und Tiefgang. Undine Gruenter (geb. 1952 in Köln) kennt sich aus mit Frankreich, denn sie lebte lange Jahre dort. Viel zu früh verstarb sie im Oktober 2002 in Paris, nachdem sie die letzten Jahre bereits an den Rollstuhl gefesselt gewesen war.

Immer präsent, mehr noch als die tatsächlichen Sommergäste, sind in diesem Buch die abwesenden Badegäste im Herbst und im Winter, die Trouville zu einem verlassenen und melancholischen Ort werden lassen. Dabei birgt jede der fünfzehn Erzählungen zumindest eine sprachliche Perle wie diese: „In einer kleinen Stadt, in der die Hälfte der Häuser leersteht, sind Gerüchte wie alte Pralinen, die im kühlen Keller in einem Regal gestapelt und schon von einer pelzigen Schicht weißen Schimmels überzogen sind, da der Deckel der Schachtel nicht luftdicht schließt."[72]

Die weiteren Sätze lassen einen leicht verschlafenen Badeort in der Normandie mit all seinen kleinen Seitenstraßen und etwas herunter gekommenen Villen samt ihren Bewohnern wie ein lebendiges Gemälde vor dem inneren Auge entstehen. Die Geschichten handeln von Ferienkindern, Hoteliers, einsamen Witwen, Künstlern und Intellektuellen aus Paris. Dabei ist kein Satz zuviel. Jeder Satz ist ein unersetzlicher Baustein im Gebäude der dichten Erzählungen. Mit diesem Buch kann man ans Meer verreisen, ohne sich von der Stelle zu bewegen. Worauf warten Sie also noch? Aber Vorsicht, das Meer an der Küste von Trouville hat auch viele tiefe Stellen.

Frostiges aus der DDR: Moskauer Eis

„Im Prinzip konnte man alles einfrieren, Muttermilch, Tote, Erbsen, Bohnen, Spargel, die ganze DDR-Landwirtschaft, Fleischwirtschaft, Marmor, Stahl und Eisen, Akten, überhaupt hätte man die ganze ehemalige DDR mit einer Kühlzelle überbauen und sie konservieren können.“[73]

Das Einfrieren ist das Leitmotiv des autobiographisch geprägten Romans „Moskauer Eis“ der Berlinerin Annett Gröschner (geb. 1964). Sie entführt uns in ihre Kindheit und Jugend nach Magdeburg und schüttet ein ganzes Füllhorn skurriler und witziger Geschichten aus dem DDR-Alltag über uns aus. Ihr immer wieder interessant eingeflochtenes Fachwissen über Kältetechnik verdankt sie vor allem ihrem Vater, der jahrzehntelang bis zur Abwicklung des Betriebes als Kälteingenieur arbeitete. So wird erzählt, dass das titelgebende „Moskauer Eis“ mit seinen zwölf Prozent Milchfett die Krönung der DDR-Bemühungen um die Herstellung von schmackhaftem Speiseeis darstellte.

Eingebettet in eine kriminalistische Rahmenhandlung um das Verschwinden des Vaters der Ich-

Erzählerin Annja Kobe, der sich zuletzt versuchte selbst einzufrieren, und seiner Mitarbeiterin entspinnt sich ein spannender Einblick in die DDR-Wirklichkeit vor und nach der Wende.

Besonders hervorzuheben ist der grandiose „Prolog im eiskalten Arbeitszimmer", in der das Leben in der DDR als ein fortwährendes Warten beschrieben wird. Er allein ist bereits das Geld der Taschenbuchausgabe wert.

Dass auch ein gehöriger Schuss (N)ostalgie mit im Spiel ist, macht vor allem die entsprechende Internetseite <www.moskauereis.de> deutlich, wo Gröschner Fotos und Texte zur DDR-Kältetechnik präsentiert. Dem unbedingt zu empfehlenden Roman schadet dies jedoch in keiner Weise.

Anmerkungen

Die Kraft des Wortes

Erstdruck: Mit Worten lassen sich Welten beschreiben – und erschaffen. Gedanken zum Johannes-Evangelium. In: Rheinische Post, 19.04.2003.

[1] Goethes Werke. Hamburger Ausgabe in 14 Bänden. Hrsg. von Erich TRUNZ. Band III: Dramatische Dichtungen I. 16. Auflage. München 1996, S. 44. (Vers 1225-1229)

Goethes verwunschener Zustand

Erstdruck in: Andreas REMMEL/Paul REMMEL (Hg.): Goethe-Blätter. Schriftenreihe der Goethe-Gesellschaft Siegburg e.V., Band II/2002, Seite 89-100. Bernstein Verlag, Bonn 2003.

Als einzelne Gedichtinterpretationen erschienen zuvor: Im See bespiegelt sich die reifende Frucht. In: Frankfurter Allgemeine Zeitung, 03.11.2001. Wiederabdruck in: Marcel REICH-RANICKI (Hg.): Frankfurter Anthologie 25. Insel Verlag, Frankfurt am Main und Leipzig 2002. Auch in: Marcel REICH-RANICKI (Hg.): 1400 Deutsche

Gedichte und ihre Interpretationen. Bd. 2. Insel Verlag, Frankfurt am Main und Leipzig 2002.
Verwunschener Zustand, verwünschter Zustand. In: Frankfurter Allgemeine Zeitung, 23.08.2003.

[2] Goethes Werke. Hamburger Ausgabe in 14 Bänden. Hrsg. von Erich TRUNZ. Band I: Gedichte und Epen I. 16. Auflage. München 1996, S. 96.

[3] Er wird auch heute noch immer wieder von Jürgen Markus intoniert. Im Text heißt es u. a.: „Heute fängt ein neues Leben an, deine Liebe, die ist schuld daran."

[4] Vgl. Herbert ANTON: Heilungskraft. Motiv und Struktur der Dichtungen Goethes. München 1987, S. 30 ff.

[5] Die Zauberin Kirke gilt als Tochter des Helios und der Perse. Sie lebte auf der Insel Aiaia, die vor der Westküste Italiens lag. Kirke wird manchmal als Göttin, manchmal als Nymphe bezeichnet. Vgl. Edward TRIPP: Reclams Lexikon der antiken Mythologie. 7. Auflage. Stuttgart 2001, S. 291 f.

[6] Goethes Werke. a.a.O. (Anm. 1) Bd. X: Autobiographische Schriften II. 10.Auflage. München 1994, S. 166.

[7] Goethes Werke. a.a.O. (Anm. 1) Band I: Gedichte und Epen I. 16. Auflage. München 1996, S. 102 f. Dieses Gedicht zitiert Goethe selbst ebenso wie „Neue Liebe, neues Leben" vollständig in „Dichtung und Wahrheit". Vgl. Goethes Werke. a.a.O. Bd. X: Autobiographische

Schriften II. 10. Auflage. München 1994, S. 95 bzw. 140.

[8] Wilhelm DILTHEY: Das Erlebnis und die Dichtung. 15. Auflage. Göttingen 1970, S. 166.

[9] Goethes Werke. a.a.O. (Anm. 1) Band I: Gedichte und Epen I. 16. Auflage. München 1996, S. 102.

[10] Vgl. Michael SCHERER. Goethe „Auf dem See". In: Wirkendes Wort 4 (1953/54), S. 349-354.

[11] Vgl. Joachim DYK: Die Physiognomie der Selbsterkenntnis: Goethes Gedicht „Auf dem See". In: Euphorion 67 (1973), S.74-84.

[12] Ebd., S. 75.

[13] Jules KELLER: Eine unbekannte Fassung des Goetheschen Gedichts „Auf dem See". In: Goethe-Jahrbuch 117 (2001), S. 278-281.

[14] Goethes Werke. a.a.O.(Anm. 1) Bd. X: Autobiographische Schriften II. 10. Auflage. München 1994, S. 178.

[15] Ebd., S. 182. Bei dem von Goethe genannten Lied handelt es sich um sein Gedicht „An Belinden". Vgl. Goethes Werke. a.a.O. (Anm. 1) Band I: Gedichte und Epen I. 16. Auflage. München 1996, S. 96 f.

[16] Johann Peter ECKERMANN: Gespräche mit Goethe in den letzten Jahren seines Lebens. Hrsg. von Fritz BERGEMANN. 3. Auflage. Frankfurt am Main 1987, S. 671.

Der Nacht der Herrlichkeit entgegen

Erstdruck in: Frankfurter Allgemeine Zeitung, 30.11.2002. Wiederabdruck in: Marcel REICH-RANICKI (Hg.): Frankfurter Anthologie 26. Insel Verlag, Frankfurt am Main und Leipzig 2003.

[17] Rainer Maria RILKE: Die Gedichte. 5. Auflage. Frankfurt am Main 1992, S. 98.

Am Ufer des Acheron

Erstdruck in: neue deutsche literatur, Jg. 51, Heft 5, 2003.

Einige Passagen finden sich auch in meiner Buchbesprechung: Moabiter Sonette. In: Rheinische Post, 01.02.2003.

[18] Albrecht HAUSHOFER: Moabiter Sonette. 2. Auflage. Ebenhausen 2001, S. 28.

[19] Ebd. S. 43.

[20] Albrecht HAUSHOFER: Moabiter Sonette. 2. Auflage. München 1982, S. 32.

Prinzip Hoffnung

Erstdruck in: Frankfurter Allgemeine Zeitung, 2004.

[21] Günter GRASS: Werkausgabe in 16 Bänden. Band I: Gedichte und Kurzprosa. Göttingen 1997, S. 76 f.

[22] Peter SLOTERDIJK: Sphären. Band I: Blasen. Frankfurt am Main 1998, S. 329.

Idylle und Katastrophe als Vexierbild

Erstveröffentlichung.

[23] Hanna JOHANSEN: Über den Wunsch, sich wohlzufühlen. In: Akzente, Jg. 26, Heft 1/2, 1979, S. 150-158.

[24] Ebd., S. 151.

[25] Ebd., S. 155.

[26] Ebd., S. 153.

[27] Ebd., S. 158.

[28] Joachim RITTER: Subjektivität. Sechs Aufsätze. Frankfurt am Main 1980, S. 83.

[29] Hanna JOHANSEN: Über den Wunsch, sich wohlzufühlen. a. a. O., S. 150.

Verlorene Jugend

Überarbeitete Fassung des Erstdrucks: Trügerische Idylle einer Ferienfreizeit. In: Krefelder Stadtkultur, Jg. 4, Heft 47, 1991.

[30] Peter POHL: Nennen wir ihn Anna. Ravensburg 1991.

[31] Ebd., S. 111.

[32] Ebd., S. 45.

Erotisches Kino im Kopf

Erstveröffentlichung.

Einige Passagen finden sich auch in meiner Buchbesprechung: Gebrauchte Gedichte. In: Rheinische Post, 27.09.2003.

[33] Ulla HAHN: Herz über Kopf. Gedichte. Stuttgart 1981.

[34] Hellmuth OPITZ: Gebrauchte Gedichte. Poesie aus 20 Jahren. Bielefeld 2003, S. 11.

[35] Ebd., S. 119.

[36] Ebd., S. 92.

Grünbeins Tierleben

Erstdruck: Geschmeidige Gepardin und fliegender Fisch. Tiermotive in der Lyrik von Durs Grünbein. In: Literatur im Unterricht, Jg. 4, Heft 3, 2003.

Als einzelne Gedichtinterpretationen erschienen zuvor:

Gefangene des Zements. In: neue deutsche literatur, Jg. 49, Heft 5, 2001.

Entdeckung des Fremden. In: Frankfurter Allgemeine Zeitung, 24.08.2002. Wiederabdruck in: Marcel REICH-RANICKI (Hg.): Frankfurter Anthologie 26. Insel Verlag, Frankfurt am Main und Leipzig 2003.

Einige Passagen finden sich auch in meiner Buchbesprechung: „Erklärte Nacht“. In: Rheinische Post, 24.08.2002.

[37] Thomas KLING: Botenstoffe. Köln 2001, S. 114.

[38] Durs GRÜNBEIN: Nach den Satiren. Frankfurt am Main 1999, S. 221. Vgl. dazu grundlegend Hermann KORTE: Habemus poetam. Zum Konnex von Poesie und Wissen in Durs Grünbeins Gedichtsammlung „Nach den Satiren“. In: Text + Kritik (2002), Heft 153, S. 19-33.

[39] Durs GRÜNBEIN: Nach den Satiren, a. a. O., S. 55. (Die Exclusiv-Rechte und das Copyright liegen beim Suhrkamp Verlag, Fankfurt a.M.)

[40] Brehms Tierleben. Kleine Ausgabe für Volk und Schule. Zweite Auflage, neu bearbeitet von Richard SCHMIDTLEIN. Erster Band. Leipzig und Wien 1893. S. 173.

[41] Durs GRÜNBEIN: Falten und Fallen. Gedichte. Frankfurt am Main 1994.

[42] Durs GRÜNBEIN: Das erste Jahr. Berliner Aufzeichnungen. Frankfurt am Main 2001, S. 84.

[43] Rainer Maria RILKE: Die Gedichte. 5. Auflage. Frankfurt am Main 1992, S. 451.

[44] Weitere bedeutende Tiergedichte von Rilke, die andere Vergleiche evozieren, sind „Der Schwan“ aus diesem Band und „Die Flamingos“ aus dem Folgeband „Der neuen Gedichte anderer Teil“ (1908).

[45] Briefe an Goethe. Hrsg. von Karl Robert MANDELKOW. Band II: 1809-1832. 3. Auflage. München 1988, S. 34.

[46] Durs GRÜNBEIN: Nach den Satiren. a. a. O., S. 119. (Die Exclusiv-Rechte und das Copyright liegen beim Suhrkamp Verlag, Fankfurt a.M.)

[47] Claude LÉVI-STRAUSS: Traurige Tropen [1955]. Frankfurt am Main 1978, S. 31.

[48] Durs GRÜNBEIN: Grauzone morgens. Gedichte. Frankfurt am Main 1988.

[49] Durs GRÜNBEIN: Schädelbasislektion. Gedichte. Frankfurt am Main 1991.

[50] Vgl. Anm. 4.

[51] Durs GRÜNBEIN: Galilei vermißt Dantes Hölle und bleibt an den Maßen hängen. Aufsätze 1989-1995. Frankfurt am Main 1996, S. 238 f.

[52] Manfred FUHRMANN: Nekrolog auf eine Amsel. In: Marcel Reich-Ranicki (Hg.): Frankfurter Anthologie 24. Frankfurt am Main 2001, S. 240-242.

[53] Durs GRÜNBEIN: Erklärte Nacht. Gedichte. Frankfurt am Main 2002.

[54] Vgl. dazu Helmut BÖTTIGER: „manches Wort war ein Altersfleck". Durs Grünbein oder Die Verarbeitung dessen, allzu früh auf dem Olymp angelangt zu sein. In: Thomas Kraft (Hg.): aufgerissen. Zur Literatur der 90er. München 2000, S. 53-66; Michael BRAUN: „Vom Rand her verlöschen die Bilder". Zu Durs Grünbeins Lyrik und Poetik des Fragments. In: Text + Kritik (2002), Heft 153, S. 4-18.

[55] Durs GRÜNBEIN: Vom Schnee. Frankfurt am Main 2003.

[56] Ebd., S. 47.

[57] Durs GRÜNBEIN: Erklärte Nacht, a. a. O., S. 145.

Exponate

Die Insel des zweiten Gesichts

Erstdruck in: Rheinische Post, 22.11.2003.

[58] Albert Vigoleis THELEN: Die Insel des zweiten Gesichts. Aus den angewandten Erinnerungen des Vigoleis. Nachwort von Jürgen Pütz. München 2003.

[59] Ebd., S. 203.

[60] Ebd., S. 325.

Die Entdeckung des Himmels

Erstdruck in: Rheinische Post, 16.11.2002.

[61] Harry MULISCH: Die Entdeckung des Himmels. Roman. München 1993.

Kurz vor dem Gewitter

Erstdruck in: Rheinische Post, 20.12.2003.

[62] Theodor W. ADORNO: Rede über Lyrik und Gesellschaft. In: Michael KRÜGER (Hg.): Akzente. Ein Reader aus fünfzig Jahren. München 2003, S. 62.

[63] Michael KRÜGER: Kurz vor dem Gewitter. Gedichte. Frankfurt am Main 2003.

[64] Michael KRÜGER. Reginapoly. Gedichte. München 1976.

[65] Michael KRÜGER: Kurz vor dem Gewitter. a. a. O., S. 101.

[66] Ebd., S. 53.

Abwesende Tiere

Erstdruck in: Rheinische Post, 22.03.2003.

[67] Martin KLUGER: Abwesende Tiere. Roman. Köln 2002.

Vor dem Frost

Erstdruck in: Rheinische Post, 23.08.2003.

[68] Henning MANKELL: Vor dem Frost. Roman. Wien 2003.

[69] Henning MANKELL: Die Rückkehr des Tanzlehrers. Roman. Wien 2002.

[70] Henning MANKELL: Vor dem Frost. a. a. O., S. 265.

Sommergäste in Trouville

Erstdruck in: Rheinische Post, 28.06.2003.

[71] Undine GRUENTER: Sommergäste in Trouville. Erzählungen. München 2003.

[72] Ebd., S. 109.

Frostiges aus der DDR: Moskauer Eis

Erstdruck in: Rheinische Post, 28.12.2002.

[73] Annett GRÖSCHNER: Moskauer Eis. Roman. Leipzig 2000, S. 29.